青春期驾到，请准备

[韩]朴城佑/著
[韩]朴瑷京/绘
李　旋/译

天地出版社 | TIANDI PRESS

"你以前不这样啊，最近怎么了？"
"爸妈真是，为什么这么对我！"

进入青春期后，
也许会有很多事儿
让你感到委屈，
感到烦躁，
你好奇的事情也变多了。
有时，你会感到彷徨，
会不知所措；
有时，你还会感到孤单，
感到心里难过。
但是别急，
一切都可以不同，
说不定还很棒！

《青春期驾到，请准备》一书，
共收录了 64 个与青春期有关的关键词，
帮你摆脱强加在身上的"标签"，
共同走向"风和日丽"的每一天！

让我们一起学习青春期会遇到的各种主题词，
一起了解这些词出现的场景，
从而清楚地知道青春期在心理、情绪、人际
关系等方面，
可能会出现的变化和存在问题吧。

希望通过本书，大家能更好地去拥抱
即将到来或正在经历的青春期。
愿青少年与成人之间，
能有更充分、更高效的沟通。

爸爸妈妈真
是，为什么这
么对我！

目录

对自己感觉
好陌生

3

学校好像不
适合我

4

一切都可以
不同

青春期留下的
礼物

我到底做错了什么?
为什么每天针对我?
你有被父母无缘无故地责骂过吗?

进入青春期,除了学习,
似乎做什么都会被骂。

有长辈问话时,大声回答,
会被批评语气太不礼貌。
如果默不作声,又会被批评无视长辈。

真是既委屈又气愤,
不知道到底哪里出了问题,
整个人无精打采。

有时因为委屈和气愤,
恨不得放声大叫!

1

绕不开的
亲子冲突

标签 能别再乱贴了吗

"太阳打西边出来了吗？你居然不用催就开始写作业了？"

└ 当我决心要开始好好学习，爸妈总这样说我。

"你要戒游戏？那就等你做到再说吧！"

└ 我也没怎么打游戏，怎么就成了你们嘴里的"网瘾少年"？

"我说我不会那样了！"

└ 可是，不管我怎么说，大家都不相信我！

这种时候真想大喊，
别再给我乱贴标签了！

爸妈，如果因为你们经常去购物，
我就叫你们"购物狂人"，你们受得了吗？

轻易给人贴标签，是片面而且肤浅的行为。

隐私　被偷窥了怎么办

"怎么能这样！"

└ 发现自己的房间有被翻查的痕迹。

"咦？社交账号的登陆时间好像不对！"

└ 发现爸爸悄悄登陆了我的社交账号。

"妈妈，你太过分了！"

└ 妈妈知道了我的手机密码！

拜托，请尊重我的隐私！

妈妈，请不要翻看我的手机。
要是有人一来家里就去翻冰箱，你高兴吗？

隐私

尊重别人的隐私是一个人的基本修养。

顶撞　当爸妈数落我时

"成天就知道盯着手机看！"

    └ 爸爸把我的手机摔了个粉碎。

"看你的房间乱得，也不知道收拾一下！"

    └ 妈妈斥责我把房间弄得乱七八糟。

"你这也叫成绩？"

    └ 爸妈拿成绩单戳我的头。

再也不想忍了，
只想顶回去！

爸爸，要是我把你视若珍宝的手办扔了，你能忍吗？所以，再生气，也请你不要摔我的手机！

一忍再忍，忍无可忍的时候就会顶撞。

辩解　我只是有话要说

动不动就骂我，只晓得让我学习。

　　└ 难道我每天活着就只是为了学习吗？

明明妹妹也有错，却只说我。

　　└ 如果辩解，只会被骂得更凶！

责问我为什么不回答，好不容易我开口回答了，
却又被说："好家伙，还敢顶嘴！"

我并没有顶嘴啊，
只是有话要说而已。

被误会或被冤枉时，
应该为自己辩解。

辩解

你可以为自己的人格争辩，却不宜为自己的过失辩解。

干涉 我的每一件事

"那个朋友学习好吗？"

└ 刚挂电话便遭到妈妈的盘问。

"你成天就知道在外面野！"

└ 休息日正要出门见朋友，却被爸爸说了一通。

"就知道吃，也不收拾！"

└ 刚吃完零食，还没来得及收拾，就被妈妈说了一顿。

啊，拜托！
不要随时随地都来干涉我！

妈妈，你出门时，如果我说一句"成天就知道
到处去疯"，你会高兴吗？

干涉

人际交往中的很多矛盾，都源于对别人妄加干涉，或者被别人干涉。

不公平 我可从不搞差别化待遇

"作业写完了吗？就知道看电视！"

    └ 和姐姐一起看电视，却只有我被骂。

"你看看你们班秀智，多懂事呀！多向人家学习学习。"

    └ 学习好的孩子就是更受宠。

"哥哥为什么不做？"

    └ 妈妈总让我做家务。

这真不公平！

我可从没差别化对待过大人！

倘若这个世界对你是不公平的，你应该勇敢地捍卫自己的权益。

挨训　老是翻旧账

写作业时一直玩手机。

逃掉补习课和朋友出去玩，结果被发现。

和哥哥争着玩游戏，被逮个正着。

这种时候
挨训总是难免的！

 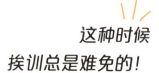

训斥我可以，
为什么总把那些"老皇历"都翻出来呢？

挨训

如果确实有错，挨训就得认。

唠叨 最令我讨厌

"差不多得了吧，一写作业就上厕所！"

    └ 明知道我便秘，在卫生间待得久些就被说。

洗澡洗得快了，被说："你到底有没有认真洗？"

洗得慢了，又被说："这个家就你一个人住？"

    └ 反正怎么做都是错。

"你有什么不满意的？"

    └ 啥都没干也逃脱不了责难。

啊，说真的，
真想活在一个没有唠叨的世界里！

爸爸被妈妈唠叨时，
不也把头转向一边，一个劲儿撇嘴吗？

唠叨

父母的唠叨虽是一种关爱，但也可能是伤害孩子的钝刀子。

青春期密语

进入青春期，你可能会发现自己与父母的关系变得没有以前那么亲密了，你们之间似乎有了一条难以逾越的鸿沟，你跨不过去，父母也跨不过来。你们变得越来越难以沟通。你觉得父母太不理解自己，父母呢，则认为你越来越不听话。亲子矛盾随时随地一触即发！

怎么会这样呢？看了以下两点原因，你或许就明白了：

1. 你开始变得独立自主，更有思想和见解了。这是一件好事儿，是长大的表现，你应该为自己感到高兴。相对来说，小时候的你会比较依赖父母，顺从父母，对父母充满了崇拜。但是到了青春期，身心的发展要求你独立起来，遇到事情想自己作决定，所以这时候的你会想要极力摆脱父母的管束，希望得到他们足够的理解和尊重。这是很正常的，是在为将来成为一个有担当的成年人打基础呢！

2. 父母还没有做好你已长大的准备。如果这个时候，你的父母恰巧很尊重你、给你足够的自由和成长空间，那么太好了，青春期的你与父母相处也会相对比较融洽。但如果你和父母之间总出现分歧和争吵，你也不必为此感到难过与心烦，因为你经历的这些绝大部分同龄人也在经历。对大多数父母来说，孩子的青春期成长都发生得太快，他们还没来得及做准备，孩子的青春期就如疾风骤雨般到来了。你的父母极有可能还在按照以前的方式对你。而且，当他们发现你变得不再是他们期待的样子时，就会不安和焦虑，或许就会想方设法控制你、改变你，因此，一些让你感到受伤的事情就极有可能发生了。

其实，与父母有矛盾并不可怕，关键是怎么去化解。以下这些方法希望对你有用：

1. **换位思考，给父母足够的成长时间**。没错，你的父母也是需要时间成长的。你要相信，你的父母远比你想象的还要爱你。当你与他们之间发生冲突时，他们比你还要着急，只是他们还没有找到合适的方法来适应你的变化。比如父母偷窥你的隐私，可能只是因为他们不了解你的真实想法或情况，担心你的身心健康，才会那么做。所以，给父母一点时间，让他们适应你的成长吧！

2. **约法三章，让父母知道你的真实诉求**。跟父母约个时间，坐下来心平气和地沟通一下你们的真实想法和需求。比如你想要一个独立的空间，想要更多的自由，那就告诉父母不要随便翻你的房间。在你写作业或者与朋友交流的时候不希望任何人打扰，你可以关上房门，并在门上贴一张"请勿打扰"的字条。当然，父母同意你这么做的前提是，你必须是可信任的！为了避免父母担心，你还可以主动告诉父母一些你最近发生的事情。

3. 幽默化解，有技巧、艺术性地提醒父母。很多时候，父母在说话做事的时候，出现了不恰当、不合理的行为也不自知。这个时候就需要你有技巧、艺术性地提醒了。记住，幽默是最好的润滑剂，它能化解尴尬，让彼此的误会在笑声中荡然无存。比如，当父母给你贴上"网瘾少年"的标签时，你可以幽默地回怼他们是"购物狂人"，让他们也体会一下你的感受。当然，你回怼的时候得注意控制好自己的语气和表情，不要让他们觉得你在顶撞哟。

4. 请外援帮你们重建亲密关系。如果上面三个方法你都试过了，效果并不理想，这时，你可以找个你们双方都非常信赖的人，比如父母的好朋友，来帮你们调和关系。往往"当局者迷，旁观者清"，你们自己找不到问题的症结在哪里，旁观者却可以准确地看到问题，帮助你们目标明确地去改变，从而达到共同成长进步的目的。

5. 完善自我，让父母对你放心。父母之所以会觉得你不爱学习，会窥探你的隐私，对你唠叨不停，皆源自他们对你的不放心。所以，已经成为青少年的你要想办法让他们信任你，这需要你严格要求自己、完善自己。比如跟父母商量好上网、游戏的时间，绝不拖延；出去跟朋友玩，说好几点回家，就一定要按时回。只要你自律、靠谱，久而久之，父母对你放心了，你们之间的矛盾自然也就消失了。

一大早被叫起床，烦！
被催着赶紧出门上学去，烦！

父母叫我去跑腿，烦！
虽然是对我嘘寒问暖，可唠叨个不停，烦！

青春期如暴风骤雨，倏忽而至，
天空似乎布满了阴云，
让你感到委屈，感到压抑，感到迷茫，
就像被一块大石头压着，无法喘息，
动弹不得。

有时候，好想不管不顾，发一场脾气，
有时候，真想干脆豁出去，大闹一场。

2

搞不懂的
情绪黑洞

愤怒　听见让人无语的话

"学啥啥不行，耍宝第一名。"

└ 听到有人挖苦我。

"又没运动细胞，踢什么足球？"

└ 输了足球比赛，被同学嘲讽。

"长成那样还能交到朋友？"

└ 班里有几名女生拉帮结派排挤我，诋毁我。

换作你，
能不愤怒吗？

 听见让人无语的话愤怒很正常，
但也要注意控制自己的情绪哟！

愤怒

一个人是否有涵养，就看他生气时是否保留着理智。

委屈　感到难过怎么办

"我说过，这不是我做的！"
> └ 明明没说谎，同桌却老冤枉我。

"我不是上周才给了你零花钱吗？"
> └ 爸爸追问我零花钱花到哪里去了。

"骂人是不对的，同学之间要友好相处。"
> └ 明明被欺负的人是我，老师却相信了
>   恶人先告状的同桌。

明明没犯错，却被如此对待，
感到好难过。

 别难过，清者自清，时间会证明一切的。

委屈

今天的委屈，会变成明天的坚强。

压抑　像被石头压着

"唉，看见你就烦，出去！"
> └ 被骂后转过身去。

"早就对你不抱希望了！"
> └ 听到这话后，心里如压着千斤重担。

"我们家孩子没啥梦想！"
> └ 听到这话后，感到很郁闷。

感到压抑，
很沮丧！

 说过别用那些话来打击我了吧！
你们能体会我的心情吗？仿佛被千吨巨石压住一般。

压抑

既然暴风雨无法避免，那就选择在风雨中起舞。

烦躁　游戏才刚开始呢

"爸爸想去的话，就自己去吧。"
  └ 想一个人休息，爸爸却非让我去爬山。

"我在做事时，别跟我说话。"
  └ 在贴双眼皮贴的紧要关头，哥哥却来搭话。

"啊，烦死了！"
  └ 游戏才刚开始，妈妈又来指使我跑腿。

**紧要关头被打断，
真的很烦人！**

 要是我一会儿让妈妈做这，一会儿让妈妈做那，
妈妈不也会很不耐烦吗？

烦躁

烦躁的时候，就用一件自己喜欢的事情来安抚自己吧！

失落　没想到会如此不同

"说实话，我对你完全不感兴趣。"

　└ 本以为她喜欢我，却惨遭拒绝。

"唉，怎么还是错了那么多呢？"

　└ 考试结束对完答案后，发现自己果然还是不行！

"昨天放学，你为什么没有等我？"

　└ 好朋友突然对我不再热情，是我做错了什么吗？

现实与理想竟如此不同，
你有感受过这种落差吗？

 有了要好的异性朋友，以为会很开心，
结果发现并非如此。

失落

现实与理想有差距，就会感到失落。

伤痕 始终无法愈合

"考这么点分数，还好意思在这儿嘚瑟？"
　　└ 被大人们打击了。

"这样的日子我真是一天也过不下去了！"
　　└ 爸妈也许会离婚。

从小陪伴我的小狗去了天堂。

心中留下伤痕，
因为太难过，所以无法抚平。

是呀，看得见的伤痕也许会愈合，
但受伤的记忆也许无法轻易被抚平！

伤痕

登上山顶可能让你伤痕累累，但要知道，"无限风光在险峰"。

对别人来说，这伤口也许
不算什么，但我可痛了。

发脾气　这让我怎么忍啊

"你这也叫裤子？"

└ 买了条破洞牛仔裤，被爸爸唠叨。

"什么乱七八糟的东西你都留着。"

└ 在没有我的允许下，妈妈把我的东西扔了。

"你就不能像你姐姐那样好好学习吗？"

└ 在亲戚面前，妈妈将我和亲戚家姐姐做比较。

要是你，
能不发脾气吗？

大人们对我们乱发脾气后，
不也很少向我们道歉吗？

发脾气

有脾气但能控制住情绪，是有教养的表现。

冲动　真想豁出去算了

"打也打不过，瞎逞什么能？！"
└ 在走廊撞到人，被挑衅。

"呀，你以为我不会骂人吗？"
└ 在公交车站碰到骂我的人。

"就他这样的，也敢大言不惭……"
└ 我正在发言，发现坐在前排的同学在嘲笑我。

有时一冲动，真想豁出去，
好不容易才忍住。

再怎么冲动，都不该离家出走。
上次我一气之下跑了出去，差点儿没被冷死、饿死！

冲动

我们要克服不深思熟虑就冲动行事的心理。

一拿到零花钱
就冲动购物。

青春期密语

　　进入青春期，你可能会发现自己的情绪就像坐过山车一样，忽高忽低，很不稳定。你可能前一秒激情满怀、兴奋不已，下一秒就沮丧万分、消极绝望。你还可能发现，自己比较容易被一些负面情绪包裹，常常感到烦躁、压抑、委屈……

　　在青春期，情绪不稳定是常见现象，之所以会这样，跟青春期的成长特质有关：

　　1. 身体快速发育，激素水平上升。随着身体的快速生长，激素的上升会让你产生一种兴奋感，让你感觉自己已经长成一个大人，可以自己作决定、自己处理各种问题。实际上，由于经验的缺乏，当你真正按照自己的意愿去做事情时，许多结果都可能完全出乎你的意料，沮丧、难过、自我怀疑等情绪就会随之而来。

　　2. 大脑发育不完全成熟。你知道吗？人的情绪反应主要是由大脑中的杏仁核区域掌控的。专注力、计划分析能力、逻辑能力等则是由大脑中的前额叶区域掌控。杏仁核和前额叶就像车子的油门和刹车，只有相互配合，才能让我们的情绪平稳。科学家研究发现，大脑最晚成熟的是前额叶区，前额叶还没有发育成熟前，容易让"冲动"的杏仁核当家做主。青春期正处于激素大量释放的阶段，掌管情绪的杏仁核特别活跃，这是造成青少年情绪不稳定的主要原因。因此，当你发现自己有情绪的时候，接纳自己并告诉自己这段时期很快就能过去。

那么，当情绪问题出现的时候，应该如何调控呢？

1. 深呼吸，让自己保持镇定。当你感觉愤怒或烦躁的时候，你会忍不住想豁出去算了。但是，冲动是魔鬼，你不妨先做个深呼吸，然后再决定接下来怎么做。你可以先深深地吸一口气，然后缓慢有力地呼出。这样重复几次，你就会发现自己的情绪平复了很多。记住，只有经过深思熟虑，做出的决定才能让事情向更好的方向发展。

2. 学会倾诉，将困扰你的事情说出来。你感到委屈、难过、悲伤的时候，不妨找亲密的朋友或者信任的长者聊一聊，将你的困难说给他听。有时候来自朋友或长者的支持和帮助，能够让你很快走出情绪困境，重拾快乐的心情。

3. 保持运动，改善不良情绪。研究表明，有规律的运动可以有效缓解压力，帮你告别焦虑和抑郁，提高自信和自尊。每天坚持运动半小时，跑步、拳击、瑜伽、打球都可以。这样

不仅能够帮助你保持身体健康，还能令你感到平和和快乐，让一些不良情绪得以释放。"生命在于运动"，将运动当成一种习惯吧！

4. 转移注意力，做一些陶冶情操的事情。心理学家认为，

艺术治疗是一种有效缓解负面情绪的方式。当你感到难过、受伤、打不起精神的时候，可以尝试画画、写日记、练字、听歌、演奏乐器等。这些方式，都能有效地帮你将内心的情感表达出来，舒减内心压力，让你找到克服困难的勇气，重新出发。

5. 学会自我安慰，巧用阿Q精神胜利法。生活中，不是件件事情都能遂自己的心愿。有时明明没犯错，却被冤枉对待；有了异性朋友，本以为会很开心，但好像也并非如此。所以当你感到失落的时候，要学会笑着自我安慰：没事的，一切都会过去的。因为学习不好而被无视，因为拉肚子而考砸时，用阿Q精神胜利法，在心里自我鼓励，也是化解负面情绪的有效方法。

6. 自我觉察，判断自己的情绪问题是否严重。如果你发现自己长时间处在同一种不良情绪中，比如长时间的紧张焦虑或者抑郁难过，让你晚上经常睡不着觉，你一定要高度重视！这时候，让爸妈带你去找心理医生聊聊，会是个不错的建议哟。

这是什么？又不像汗毛。
"那里"长出的东西，曾让你大吃一惊吧？
让人有点儿害羞，又有点儿惊慌，还有点
儿害怕。

是的，小时候父母给我洗澡，
并不觉得有什么。
现在却觉得怪怪的，还有些尴尬。

噢，怎么回事？开始关注异性，
对性充满好奇。
当发现自己这样时，你一定目瞪口呆吧？

其实，
没什么好吃惊或害怕的，
这说明你正朝着成长为一名健全的成年人的
目标极速前进！

3

对自己感觉好陌生

那个 就是"那个"呀

搜索"梦遗是什么",又悄悄把搜索记录删除。

　└"哦哦,那个呀。"

换裤子时发现好像有些紧。

　└"啊,那个也在长大吗?"

擦汗或者照镜子时,不经意间发现胳肢窝的变化。

　└"呃,这里也长了吗?"

所以说,这到底是怎么回事?

你留意过你的"那里"吗?生理卫生课上,老师说需要了解自己的隐私部位,我也曾锁上房门仔细观察。

那个

多年以后，你会感谢青春期那个努力的自己。

第一次 **感觉有点怪怪的**

"啊，总觉得尴尬，还不舒服。"

    └ 生平第一次穿上文胸。

"你有喜欢的人了吗？"

    └ 生平第一次被人这样问话。

"为什么总感到好奇？"

    └ 生平第一次对别人的身体感到好奇。

"第一次"，有点尴尬，
有些怪怪的，对吧？

 不必紧张。第一次走路，第一天上学，
第一次哭泣……每一个"第一次"都值得珍藏！

第一次是需要勇气的，第一次也是值得纪念的。

敏感　为什么总是在意

"那颜色真好看。"

└ 看见闺蜜买的唇彩很漂亮，我也想买。

"今天有点儿帅呢！"

└ 被别人夸赞，总不自觉地照镜子。

和朋友一起拍照，觉得只有自己土爆了。

感觉自己
变得对外貌有些敏感了。

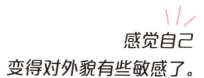

胳肢窝里长出的毛，
为什么会让我感到害臊呢？

敏感

因为在意，所以敏感。

幻想　牵着你的手

"要是他向我告白，我该怎么办？"

└ 当产生这种想法时。

"唉，不然我先向她告白？"

└ 当产生这种苦恼时。

"牵手是什么感觉呢？"

└ 当心中浮现出美好的画面。

我的想象力，
还真是无边无际！

说实话，你一个人的时候，
也想过和心仪的对象牵手的情景吧？

幻想

幻想就像飘浮的彩色泡泡一样，容易破碎。

青春痘　谁来救救我的脸

额头上接二连三地长出青春痘。

当青春痘开始一发不可收……

好红好痛好难受。

凹凸不平，斑斑点点，
有多难堪，
有多痛，你懂的！

又不是我想长的，
别老拿我的脸开玩笑！

青春痘

上天赐予了你青春，同时也附赠了青春痘！

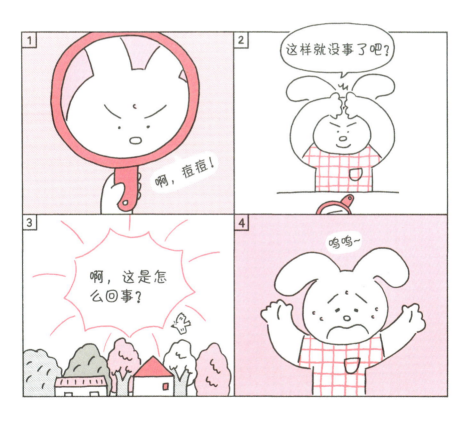

迷恋　在脑海里挥之不去

"听说他今天要拍画报？"

　　└ 整天脑子里都是喜欢的偶像明星。

"要约他一起出去玩吗？"

　　└ 想转移注意力，却老是想到他。

"穿白T恤好吗？不，还是黑色好一些。"

　　└ 不知道穿哪件衣服，苦恼半个小时后才出门。

对优雅外貌的迷恋，
永无止境。

你知道过分迷恋是什么下场吧？
就像追求吃"变态辣"的鸡翅一样，后果可想而知。

迷恋

遥不可及的星辰不值得迷恋，就像无法停留的风声不值得追求一般。

初潮　**你是什么时候**

"啊，为什么肚子一阵阵地疼？"

└ 这次的疼似乎和拉肚子不同。

"不要慌，要沉着冷静。"

└ 装作若无其事地开始找卫生巾。

"祝贺你！"

└ 爸妈买来蛋糕为我庆祝。

你的"那个"，是什么时候来的？

 初潮就是女性第一次来月经。
月经是指每月一次从女性子宫中排出血液的生理现象。

初潮

不用害怕，这是身体极其自然的变化。

第一次自己
买卫生巾。

全力 最大限度展示自己

"打扮得花里胡哨，这是上哪儿去？"

└ 就去个图书馆，却对穿着格外上心。

"啊，我喜欢的人也在看我呢！"

└ 想要像专业选手一般，帅气地射门。

"你又用我的香水了？"

└ 喷了姐姐的香水去见你。

我是怎么了？总想在有好感的
同学面前展现最好的自己。

 你也想在我面前展现最好的一面吧？

全力

不管什么事，只要全力而为就不后悔。

青春期密语

随着青春期的到来，你会发现自己的身体发生了很大变化。身高和体重像安装了加速器，快速增长。如果你是女生，胸部会逐渐隆起，还会出现月经等现象；如果你是男生，会变声长喉结，还会出现遗精等现象。青春痘也可能悄悄爬上你的脸颊。这时候的你，开始关注异性，对方不经意的举手投足，都可能会令你脸红心跳。面对青春期的变化，你平生第一次对自己感到好陌生。

青春期让你感觉陌生好奇的事儿确实不少，但你不必为此感到惊慌，原因有以下两点：

1. 这是一个人走向成熟必经的过程。换句话来说，你正在朝着成长为一个健全的成年人的目标加速前进。虽然你对这些变化感觉有点怪怪的，但它却是走向成熟的必经之路，想不走都不可能！你要知道，你所发现和感受的变化，同龄人也在经历。他们和你一样，经历着对自身外貌的敏感，对他人优雅形象的迷恋以及对与异性牵手的幻想⋯⋯

2. 这个时候经历的身心变化，是你变得完美的前奏。就像菜青虫华丽蜕变成蝴蝶，你也在经历这个艰难却充满希望的过程，千万不要因为变化就产生种种心理困扰，尤其不要因为第二性征的出现而感到羞耻或烦恼。女孩子来月经，男孩子梦遗，都是身体极其自然的变化。只要主动学习一些生理卫生常识，就可以很好地面对并适应这些变化。

青春期密语

那么怎样做才能顺利度过这个敏感又新奇的阶段呢？或许以下这些方法对你有帮助：

1. 适应青春期变化，认同并接受自己的性别角色。这个阶段，你要学会愉快接纳这些变化，对逐渐呈现的性别特征及性别角色尽快地适应。比如，女孩子第一次穿上文胸会觉得尴尬，走路都不敢抬头挺胸。此时，你应该看看身边的女性，尤其是家里的妈妈和姐姐，与她们交流，取得经验，并告诉自己文胸能保护你正在发育的身体，渐渐地，你就能释然了。

2. 学习生理卫生常识，全面了解并调控自己。这个年龄段的你，不但对自身的发育好奇，对异性的发育也很好奇，想弄清楚其中的奥秘。比如，头脑中经常浮现与异性牵手的美好画面，沉浸在不着边际的"恋爱"想象中，有好感的异性的身影在脑海中挥之不去，这一切都说明了你对异性的渴望。此时学习一些生理卫生常识，可以帮助你摆脱不同性别带来的神秘感，也能够让你与异性大方、得体、自然地来往；对一些冲动的生理、心理现象，能保持理智、冷静，调适好自己。

3. 加强锻炼，展示性别魅力。上天赐予我们青春的同时，也赐予了我们青春痘。当青春痘一发不可收的时候，你可能会苦恼自己在他人心目中的形象被破坏。与其纠结自己的仪表，不如加强体育锻炼，通过运动来改变自身的形象，展现自己的性别魅力，焕发出青春的光彩与活力。制订每天锻炼的目标，一天 20 个俯卧撑或仰卧起坐，或慢跑半个小时。无论你选择哪种运动方式，一定要坚持下去，这样最终站在大家面前的，就是闪闪发光的你。相信自己，运动起来吧！

进入青春期，
要学习的东西好多，
为了取得好成绩，压力好大。

一天会有好几次感到迷茫，
不知道这样努力学习有什么意义。

我为什么会这样？
学校好像真的不适合我。

要不然逃课去打游戏？
唉，或者干脆抽根烟？

要是不能及时调整，
任其往不好的方向发展，
迷茫期也许比你预想的还要长！

4

学校好像
不适合我

出走 能去哪儿呢

爸妈因为一些琐碎的事争吵。

对于学校里的一切，都感到烦躁。

想无拘无束按照自己的意愿生活。

虽然偶尔也想离家出走，
但我一直忍着！

我有个朋友离家出走后，又悄悄回来了。
他父母甚至都没发觉！他真可怜吧？

出走

你以为离家出走能远离所有的不愉快，殊不知这才是痛苦的开始！

霸凌　我只是开个玩笑

"喂，你能借我点钱吗？"
⌐ 说是借，但他从来没还过。

"黄色的上衣、黄色的裤子，你是在扮演一个菠萝吗？"
⌐ 在转学来的新同学面前开一些过分的玩笑。

"你再多嘴试试！"
⌐ 动不动就在同学面前骂骂咧咧地举起拳头。

不是"过分的玩笑"，而是校园霸凌。
抱歉，没能设身处地为你着想。

无论再怎么抵赖说是开玩笑都没用，
随便欺负同学，让别人不好受，就是暴力！

霸凌

你可以随意挑起战争，却不容易熄灭怒火。

反抗　我可真想……

"一道题讲了十几遍，你还不会！"
　　└─ 被老师指出错误，遭到批评。

刚写完的检讨被说不合格，让重新写。

同桌也错了，可只有我挨骂。

不知不觉地火冒三丈，
　　　　　真想反抗。

通常，反抗的结局都有些惨淡。

反抗

一味地挖苦、贬低，会导致反抗。

枷锁 想摆脱这样的生活

除了学校就是补习班，真想摆脱这让人厌烦的生活。

想从无止境的唠叨中解脱出来。

爸妈每晚都因为我的学习问题吵架，真想快些逃离这个家。

唉，真的让人好疲惫，
好想摆脱枷锁。

爸爸不也说过，
想摆脱家和公司两点一线的生活吗？

枷锁

勇于打破思维枷锁，思路和眼界才会开阔。

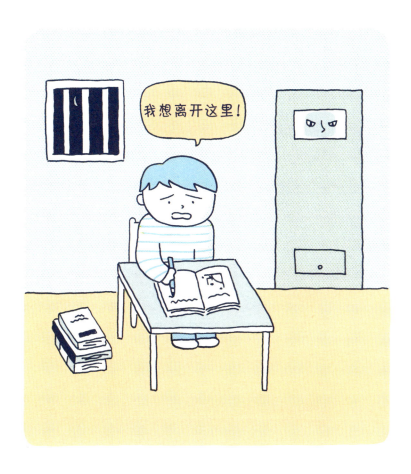

窃窃私语　请不要在背后议论人

"呀，我可都听见了。"

└ 同学们聚在一起议论，说我又胖了。

"又犯什么错了？"

└ 和朋友一起闯了祸，被教导处叫去。

"就他那穷酸样，肯定没见过这么贵的文具盒吧？"

└ 同学因为家境好就小瞧我，总嬉皮笑脸地
　说着打击我的话。

你们这样窃窃私语，在背后议论别人，
合适吗？丝毫不体谅别人的感受吗？

是啊，有什么话，
请大大方方跟我讲，不要在背后窃窃私语！

窃窃私语

当众窃窃私语是没有教养的表现。

厌恶 就知道臭显摆

"这么简单的题也不会吗？"

⌐ 同桌数学学得好便自以为是。

"你觉得，老师会相信你还是相信我？"

⌐ 班长仗着老师的宠爱轻视我。

"呀，你知道这个值多少钱吗？"

⌐ 同学家里有点儿钱便四处显摆。

你知道这样做有多让人厌恶吗？
所以，请别在我面前显摆。

完全不考虑别人的心情，
只顾瞎显摆，这样有意思吗？

厌恶

低调行事，是做人的最佳姿态。

至上主义 哪有那么绝对的

外貌至上主义

　└ 人们似乎只关注那些外貌出众的孩子。

成绩至上主义

　└ 大家似乎都只喜欢那些成绩好的孩子。

金钱至上主义

　└ 大家似乎都愿意聚到那些有钱的孩子身边。

像我这样的普通孩子，
该怎么办呢？

"成绩、成绩！就知道成绩！"嘴上说尊重我们的才能
和个性，却每次都只用学习成绩来论高下。

至上主义

当某些事物被视为至高无上时，也许它的价值就会被扭曲。

渴望　真想走得远远的

因年纪小而被无视。

　　└ 真想快些长大。

快被学校里的条条框框逼疯。

　　└ 真想逃到别处。

三天一小考，五天一大考，考试没完没了。

　　└ 真想摆脱令人厌烦的考试！

真想一下子长大，
离开这里。

如果我能瞬间长成大人，
我绝不会让我的孩子凡事都听我的！

渴望

成功始于信念，而信念来自对成功的渴望。

青春期密语

随着年级的升高，你会发现在学习上的压力也增大了。低年级的时候，你尚有大把时间与伙伴们开心地玩耍，可是进入青春期，持续增加的科目可能会让你每天忙得像个陀螺，旋转在家与学校的两点一线，生活似乎除了学习还是学习。你要学习的东西不仅越来越多，知识点也越来越难，你必须打起十二分的精神，好好对待。

在这个过程中，有些同学会渐渐感觉吃力，稍不留神就跟不上进度，导致成绩下滑、信心大跌。加上学校里的一些其他因素，比如与同学之间的摩擦、感觉不被老师重视、遭遇霸凌等，都可能让你对学校失望，产生厌学情绪，觉得学校不适合自己。

青春期在学习、生活上有压力是正常的，但厌学对一个人的发展是极其不利的，需要尽量预防厌学情绪的产生，这就要求你做到以下几点：

1. **认真对待学习，及时查漏补缺。**首先你得明白，进入高年级要学的知识就是会比以前多、比以前难，你会面临着更多的学科和作业，学校安排的测验和考试也会变多。你必须认真对待，课上认真听讲，课下提前预习、及时巩固复习。当你发现老师的讲课内容你没听懂、作业不会做时，要及时请教老师或者成绩好的同学，直至弄懂为止。要知道许多学科比如数学，知识点是环环相扣的，前面没弄懂，很可能影响后面的学习。因此，遇到不懂的问题，不要轻易放过。

2. 合理安排课业，提高学习效率。当你有很多家庭作业时，你需要确定哪项需要先做，哪项可以等会儿完成，以及哪项是可以再晚一些完成的。这样可以保证在截止日之前你所有的作业都能如期上交。当然有时你可能有两项或者三项需要在同一天上交的作业，那就先确定什么对你来说是最重要的，将最重要的先完成。学会合理安排，不仅对你现在学习有利，甚至会影响你将来做事的方式哟。

3. 找到最佳的学习环境，让学习少分心。花一点时间考虑一下最适合自己学习的环境：家人的言行是否会让你分心？你的书桌上是否有干扰你注意力的东西？你是晚上做作业效率高，还是早起做作业效率高？如果家人的言行让你分心，你可以关上房门，让他们不要打扰你。你还得注意清理自己的桌面，与学习无关的饰品、手机等尽量不要放在书桌上，这样有利于你更快进入状态。最后，选择你自己觉得思路最清晰的时候做作业，这样也能帮你提高效率。

当然了，倘若你真的有厌学情绪了，也不用过于担心，试试以下几个方法吧：

1. 找到不想上学的原因，改变厌学的情绪。你可以从三方面反省、归纳、总结。拿出一张纸，用笔整理一下来自家庭、学校、自身三方面的厌学因素，尽量写具体些，这样好有针对性地找到有效的办法来解决问题。如果自身感觉有难度，你可以找心理老师或可信赖的长辈来帮忙，接受对方指导性的建议。你还可以做自己喜欢的事情来缓解心里的疲惫与压力，比如去公园散步、去体育场运动、听喜欢的歌曲、冥想，换个环境与方式来释放不愉快的情绪。

2. 树立自信，提升内在动力。自信是厌学的克星。总结一天里自己做得对的事情，自我表扬，以此来增加成功的体验。随着成功体验的增多，自信心会越来越强。同时降低对自己做事情的期望值，尤其在学习方面，从关注学习的结果变为享受学习的过程，有收获就奖赏自己，渐渐地，内在动力便得到了提升。

　　3. 培养学习习惯，变厌学为好学。如果你在学习方面有不好的习惯，可以用表格罗列出自己良好的学习习惯，每天做到哪些项，就在那些项上画上标记，如此坚持下去，好的学习习惯慢慢就会养成。除此之外，还要培养学习兴趣。虽然对厌学的人来说这是一件很困难的事情，但万事开头难，只要敢于尝试。如果需要帮助，可以坦诚地向父母提出，有时借助外力会让我们更快体验到成功的喜悦。当然啦，找到适合自己的学习方法，也是向好学迈进了一大步。

为什么我总是一个人?
我会被彻底孤立吗?

我也有朋友,
家人也很关心我,
但我总莫名感到孤单。

朋友多的人,
真的就一点儿都不会孤独吗?

好好利用独处的时间,
做个善于思考的人吧!
如果左顾右盼,不知所措,
也许你会觉得更煎熬!

5

人际关系遭遇考验

忍耐　成长的过程本就如此

"成天就知道酒、酒、酒！"

　　└ 饭吃到一半，爸妈吵了起来。

和好朋友大吵一架后，独自一个人伤心。

"真让人无语。"

　　└ 得知有人在背后散播我的谣言。

这种时候，
只能忍耐着。

成长其实就是学会忍耐，
忍耐会让我们更坚强！

忍耐

忍耐虽苦，但最终会结出甘甜而美好的果实。

能坚持到什么时候呢？

关系 我们之间该如何相处

好朋友竟然跟我最讨厌的人成了朋友。

和好友吵架后留下心结。

看到喜欢的男孩和别的女孩在一起了。

呃，我们的关系，
今后会变成什么样呢？

 努力争取，但绝不强求！

好的关系是需要互相成就的。

眼力见儿　懂得察言观色

爸妈吵架后，全家人围着餐桌吃饭的时候。

"怎么这么晚才回来？"
　└ 和朋友尽情地闲逛，晚回家的时候。

背着妈妈和异性朋友互发短信的时候。

这些情况下，
都是需要眼力见儿的。

爸妈正亲密地拥抱在一起，
我却毫无眼力见儿地推开了房门！

眼力见儿

有眼力见儿就相当于拥有了一把保护伞。

闹僵　让我备受伤害的存在

"没想到你是这样的人！"

└ 和好朋友大吵一架后，转过身去。

"爸爸？我就从没有过爸爸。"

└ 爸爸抛弃了妈妈和我，现在又打电话来找我们。

曾对我冷嘲热讽的人，现在向我借手机。

这种时候，真不想理睬，
干脆别再见面了吧！

呀，当初跟我闹僵的是谁？
现在无聊了，又想来找我了？

吵架永远也不晚，道歉却总是太迟。

疏远　现在说这些有什么用

"想说点啥，又觉得尴尬。"

　　└ 以前和爸爸无话不谈，现在是能不说话就不说。

和哥哥大吵一架后，变得有些生分。

与说我坏话的朋友关系变僵。

要是你，还能像从前那样吗？
我们应该会更疏远吧？

爸爸，你到底想要我怎样？
不是让我少废话，回房间学习吗？

你的世界里再也没有容得下我的地方。

冷落　让我也一起笑笑呗

"为什么没有人等我？"

　　└ 朋友们撇下我去了小吃店。

"去补习班买点什么吃呢？"

　　└ 家人们去外面吃饭，却没带我。

"老师一点儿也不关心我。"

　　└ 已经第二学期了，班主任依然不记得我的名字。

被人冷落的滋味原来这么难受！
你有被冷落过吗？

别随便冷落我。
要是大家玩耍时，把你丢在一边，你开心吗？

冷落

冷落与排挤，都是让你变得强大的垫脚石！

隐约 想起小时候

是什么时候来着？

└ 和爸妈聊天，笑得合不拢嘴。

是什么时候来着？

└ 不用担心成绩、名次，总是开开心心。

是什么时候来着？

└ 和朋友无所顾忌地愉快玩耍。

真的，是什么时候来着？
隐约记得，那时的我总是快乐的。

 爸妈只记得我让你们伤心的事吧？

隐约

有些模糊，只能捕捉到某些片段。

隐约听见爸妈的对话。

无助　想有个真正的朋友

"手机坏了吗？"

　　└ 周末却没人约。

"什么时候才能交到真正的朋友？"

　　└ 在新学校，一个朋友都没有。

"早知道再买盒牛奶。"

　　└ 一个人去便利店买个面包当晚餐。

如果是你，
也会觉得凄凉无助吧？

在新环境中，你适应得怎样？
我现在依然觉得有些无助！

无助

困住你的，不是环境，而是心境。

青春期密语 🐱

  进入青春期，你会发现，友谊在人际关系中占据了绝对重要的位置，你变得更喜欢和朋友在一起，你们一起学习，一起生活，彼此分享秘密，经常互相安慰。但有的时候，你也会跟朋友产生冲突，有时候别人的嘲笑或者谣言会让你很受伤，有时候别人不经意的举动会让你觉得备受冷落、备感凄凉。倘若你不知道怎么去处理这些复杂的关系，就可能感到孤独与迷茫。

  那么，在人际交往中遇到困难，要怎么办呢？

  1. 正确认识友谊，积极看待冲突。首先，你得明白在人际交往中有些磕磕碰碰，是再正常不过的事。朋友之间本应该互相支持、互相鼓励，但是朋友们（或兄弟姐妹）在一起久了，有时候难免会产生不一致的想法甚至互相猜疑，导致你们之间的友谊出现一些裂缝，乃至发生争吵。当冲突和矛盾产生时，难过与伤心是难免的，但也是无济于事的，你要做的是找到问题根源，积极去解决。

  2. 直面冲突，巧妙化解友谊危机。你之所以会和朋友发生争吵或者与某个朋友越来越疏远，一定是有原因的。你得清楚是自己的言行让对方觉得不舒服了，还是对方的某些做法让你不认可，使你感到受伤，导致你们发生争吵。经过反省，如果你发现主要是自己的问题，那就积极一些，主动并真诚地跟朋友道歉，求得朋友的原谅。如果你觉得是朋友太过分，你可以选择如实指出对方的问题，如果对方始终不改正，持续做一些伤害你的事情，你就得认真思考这份友谊的意义了。有时候中断不良友谊也是一种正确的选择。

3. 正确应对背叛、谣言与嘲笑。一段友谊有时候会因为有人对背叛、谣言或者嘲笑感到非常伤心而终结。与朋友相处，我们首先要严格要求自己，让对方觉得自己是可以信任的。这要求你严守秘密、不传谣，也不轻易嘲笑别人。当然，如果背叛、谣言或者嘲笑是针对你的，你要始终坚信自己不该受到如此责备。你可以首先去弄清楚伤害你的事情是从什么时候开始发生的，为什么会发展成这样。如果传播谣言的人是你信任的好朋友，你可以找个时间和他聊一聊，委婉地表达你不希望他这样对自己；如果嘲笑你、传播你的谣言的人是你不太熟悉的人，你也可以站出来维护自己，但记住与其争吵并非是一个明智的选择，你可以假装若无其事地说："哇，看样子你们很关注我呢！"

当然，如果嘲笑不严重，微笑走开就行了。

　　4. 学会察言观色。 生活中，有眼力见儿的人通常会更受欢迎，也会避免很多冲突。比如爸妈吵架后，全家围坐餐桌吃饭，如果你不懂察言观色，看不到爸妈正在气头上，言行无状，就会立即挑动双方的神经。片刻间，你就可能沦为他们情绪的垃圾桶。换句话来说，你撞在枪口上了。在与朋友相处的过程中，懂得察言观色更重要，这样能帮助你更好地理解朋友的心情，帮助到对方，从而巩固你们的友谊。

　　5. 被人冷落了怎么办？ 如果你被人冷落，你首先得问问自己，别人为什么冷落你，找到正确答案，再有针对性地去解决。如果觉得自己没问题，那就换个朋友圈子，这个圈子冷落你，不代表所有人都会冷落你。有的时候，别人或许并没有故意冷落你，只是到了青春期的你，变得更加敏感而已。所以，当其他人的一些行为不在你的意料之中时，你就会开始质疑，是不是自己不够优秀、有趣？为什么别人不喜欢自己？比如朋友撇下你去了小吃店，到了第二学期老师还不记得你的名字，都会让你感觉受到了冷落。其实，很多时候别人未必是故意的，只是因为你太过在意，才感到困扰罢了。或许下一次，你又会对他们改观呢！

　　6. 学会彼此成就。 人际交往中，最忌讳的是拆台与背叛。如果好朋友在你喜欢的人面前数落你，使你颜面扫地，如果你听到朋友在背后诋毁你，你可以选择当机立断，狠下心断了你们的关系。要知道，好的关系是需要互相维护、互相成就的，虚情假意换不来真诚的友谊，只有互帮互助，共同成长，才会让友谊之花盛开得更鲜艳。

你懂什么？在那里瞎嘚瑟！
不是说了别管我吗！怎么还啰唆？

啊，怎么会没忍住就动手了呢？
老天，我到底干了什么？

青春期的你，总希望别人尊重你，
将你当一个成人对待，
希望一切都由自己做主。

可是，你很快就会发现，
理想很丰满，现实很骨感。
很多事情都没法按照你的想法发展。

这可如何是好？
感到好无助，不知所措！

6

自我管理受到挑战

放任 能不能别管我

周末想尽情睡个懒觉，
却被问："还在睡吗？"

和其他人一样买了唇彩，正在试用，
却被说："到底有什么可抹的？"

刚玩了一会儿电脑，正打算学习，
却被催："还不学习吗？"

啊，好烦哪，
能不能别管我！

 如果我周末一大早就对爸妈大喊"快起床啊"，
你们也会觉得烦吧？

放任

生活上放任自流，学习上得过且过，就是令光阴失去光芒的原因。

随心所欲 想这样一整天

"欧耶，打游戏？"
└ 从早上到晚上，只有自己一个人。

"我要睡个痛快！"
└ 期末考试结束，终于可以休息了。

"啊，不想回家！"
└ 和朋友从上午一直玩到深夜。

我想就这样，
随心所欲一整天。

 真好，凭着自己的意愿，
想干什么就干什么！

随心所欲

所有的随心所欲都是建立在自律的基础上的。

敷衍 那又怎样

"我什么时候乱回答了?"

    └ 每次聚会都会被长辈问梦想是什么。

"你做题怎么这么不认真?"

    └ 不想去补习班,却不得不去。

"啊?我怎么随便了?"

    └ 打扫完卫生却被妈妈说做得不彻底。

被强迫做不想做的事,
还被指责为敷衍,这是什么情况?

大人做不想做的事,不也很敷衍吗?

敷衍

学习是自己的事情，得认真对待，不能敷衍。

尊重　做真正的自己

"其实我想学美术。"

└ 想追寻自己的梦想，而不是爸妈的。

"其实我更喜欢那条白色的连衣裙。"

└ 想买自己喜欢的衣服，而不是妈妈喜欢的。

"我想一个人静一静。"

└ 有需要思考的问题，想自己一个人待在房间。

我说的话，我的想法，
请给予尊重！

我们从不想评价父母师长是否优秀，
我们要做的，只是接受并且尊重他们。

尊重

尊重是相互的，想要别人尊重你，你首先要懂得尊重别人。

自律　说起来容易做起来难

"真是事事都要跟我对着干。"

└ 说了不再和妈妈顶嘴，但又没忍住。

"睡一整天了？"

└ 说了不再在上课时睡觉，但又没忍住。

"不放过一分一秒打游戏。"

└ 说了不再打游戏，但又没忍住。

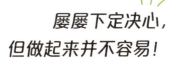

屡屡下定决心，
但做起来并不容易！

嘴上说得再好听，
不如实际行动来的有用！

自律

自律很难，但是坚持很酷!

爆发　像一颗定时炸弹

"因为你，丢人丢到家了。"

　　└ 表哥从没上过补习班，却一直都是第一名，
　　　我总被拿来和他比较。

妈妈让我自己"看着吃点"，
却给学习好的姐姐烤肉吃。

让爸爸给我涨点儿零花钱，
他却把旧账一件件翻了出来。

要是你，
能不爆发吗？

春节或中秋从奶奶家回来，妈妈一定会爆发。
每当那时，我和爸爸大气都不敢出。

爆发

每个人心中都有一种能量，累积到一定程度就需要找个地方爆发。

迷茫　我该怎么办呀

"为什么会被当作空气对待呢？"

　　└ 怎么想也没有头绪。

"怎么会没忍住动手了呢？"

　　└ 沉浸在无尽的后悔中。

"怎么就考砸了呢？"

　　└ 总感到难以释怀。

啊，感到好迷茫！
眼泪止不住地流。

呀，别再颓废了。
屡屡受挫的我，不也还坚持着吗！

迷茫

迷茫唯一的出路是把每一天都活得充实有味。

偶尔也会趴在桌上发呆。

惹事　我到底干了什么

"唉，干脆就任性一回。"
　└ 一生气便乱扔东西。

"我这是干了什么啊？"
　└ 在巷子里玩时，将别人的车蹭花了。

"只拿一张，应该不会被发现吧？"
　└ 偷偷对妈妈的钱包下手。

老天，我是疯了吧？
到底干了什么？

爸，您怎么又被赶到客厅睡了？
您又做什么惹老妈生气了？

无事不惹事，有事不怕事。

"原本打算用来买辅导书的钱……"

青春期密语

对一个人而言，最大的敌人莫过于自己。进入青春期，伴随自主意识的增强，成人感的觉醒，你会开始渴望事事由自己做主，希望与成人一样被尊重。这时，你可能会去父母那里争取更多的自由，让父母给予你自己作决定、自己支配生活的机会。当父母开始放任你的时候，随心所欲的你刚开始会觉得特别兴奋。可是，很快你就可能发现理想与现实的差距有点大，很多你觉得有把握做好的事情，却并没有按照你的设想去发展，屡屡失败的经验让你感到沮丧又迷茫。此时，自我管理显得尤为重要。

为什么呢？看了以下两点原因，你就明白了。

1. 成长路上出现的迷茫感背后隐含着自我管理的需要。想独立却又不能很好地控制自己，是青春期的典型特点之一。其实，这正是青春期孩子缺乏自我管理能力的表现。倘若你能很好地管理自己，拥有清晰有效的目标，并能根据自身情况和资源制订切实可行的计划，完成计划的过程中能尽可能地消除干扰，那么，你的青春期成长就不再兵荒马乱，令你招架不住了。

2. 自我管理是一项综合能力，需要后天有意识地训练与培养。 对青春期的你而言，这实际也是一种挑战，挑战考砸后难以释怀的迷茫，挑战忍不住打游戏，挑战上课不听讲而呼呼大睡，挑战与朋友玩一整天的放任。面对诸如此类的问题时，就是培养自我管理能力的绝佳时机。处理这些关乎情绪、学习、认知、人际等方面的问题，实际也是给自己成长的机会，让缺乏生活经验与解决问题能力的你，逐渐完善自我，成长为更好的自己。

要想提升自我管理的能力，你可以从以下几个方面入手：

1. **做事认真，不敷衍。** 不管什么事，学习也好、生活也好，你都得认真去对待。敷衍了事，往往是付出了劳动，却收不到成效。与其这样，为什么不认真对待呢？当你认真做好某一件事情时，不仅自己感觉开心，也会迎来别人的肯定与赞扬，何乐而不为呢？

2. **别轻易放任自己。** 到了青春期，你可以从父母那里争取更多的自由权，开始走上自我管理之路。但是父母给你自由，并不是让你放纵自己、随心所欲。放任自己想做什么就做什么，会让你一时觉得很爽快，但很快你就会尝到不加约束导致的后果。比如当你和别人发生冲突，放任自己动手的后果可能就是你暂时无法承受的，不仅会让老师对你失望，还会惊动你的父母！

3. **学会独立，做真正的自己**。你需要思考自己的梦想是什么，并努力朝着梦想奋斗，而不是去完成你的父母给你设定的梦想；你要了解自己的喜好，选择自己喜欢且最适合的东西，而不是父母喜欢的东西或者他们认为适合你的东西；学会自己做决定，当你遇到需要思考的问题，不要急于去征求父母的意见，可以先静静地自己想一想，再做出切实可行的实施计划。

4. **严格自律，做更好的自己**。在我们的生活中，可能会出现太多诱人但沉溺其间便会耽误成长的事物，你屡屡下决心杜绝沉溺，却总是以失败告终。比如游戏、网络、手机，都可能让你沉沦在里面，拔不出来。有时候，缺乏意志力也可能导致你不断犯错，比如上学迟到、上课睡觉等。这时，你需要给自己制订一个计划表，把学习和娱乐的时间都安排妥当，并严格按照计划来执行。刚开始，你可能会觉得比较困难，但只要你努力坚持，最终将自律变成习惯，你会发现自己的生活和学习变得更有序，效率也相应地提高了很多。

　　5. 不怕犯错，成就优秀的自己。成长的过程其实就是不断试错的过程。到了青春期，想要独立自由的你，更不要害怕犯错。犯错后只要懂得反省，找到错误的根源，并及时修正，你就会收获一次自我管理的经验。久而久之，你会发现，自己的经验越来越丰富，管理自己的能力也越来越强。

觉得委屈，感觉心烦吗？
心中的疑问为什么那么多？
要是迷茫了该怎么办？
觉得孤独吗？要是太难受又该怎么办？

青春期总让人思绪万千，
这一过程真的只有坏处吗？

很快你就会明白并非如此！

对，现在的我不同了。
也许有些害羞，也许还有些青涩。
但我发现自己正在渐渐改变，
变得越来越出色，越来越优秀。

请尽情地感受幸福和满足吧！
我就是我，
世界上最特别、最可爱的存在！

7

一切都可以不同

懂事 **值得好好表扬**

"感觉自己焕然一新。"

  └ 妈妈在公司加班，我在家帮她做家务。

"要是别人这样对你，你开心吗？"

  └ 见到欺负弱小者，和他们讲道理，说这是不对的。

"我的朋友，快好起来吧。"

  └ 朋友感冒了趴在桌上休息，我脱下羽绒服为她披上。

**连我自己都觉得
我真的懂事了！**

**妈妈，看见了吧？
我可做了不少值得表扬的事！**

懂事

时间告诉我，无理取闹的年龄过了，该懂事了。

真乖

尝试 没什么大不了

尝试努力学习后发现，也没什么难的嘛。

以前总睡懒觉，尝试早起后，
发现还挺畅快的。

一段时间忍着不玩，感觉对游戏已经没瘾了。

嘿嘿，小事一桩。
不如趁现在，
我也畅想一下美好未来。

说得对，试试就试试！

只有试过，才知道自己行不行。

死党　心有灵犀一点通

"说好了，可不许在被子里放屁。"

└ 与好朋友聊到深夜，直到感到困倦。

"我没事。因为有你，所以没关系。"

└ 真想和你永远不分开。

"我非常感激你，每次想到这里都想哭。"

└ 有你在身边，我也十分感恩。

身边有这么一个合得来的死党，
简直太踏实了！

 妈妈去见闺蜜不也很晚才回来吗？
所以也请理解我。

死党

尽管我什么都没说，但是你都懂，这就是死党。

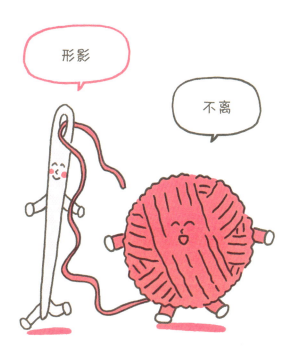

感谢 默默守护我的人

"妈妈，谢谢你总守护在我身边。"

└ 想到总对妈妈不耐烦，猛然间觉得惭愧。

"老师，感谢您一直以来的关爱。"

└ 想到一直给予我关心和爱护的老师，猛然间感到抱歉。

"朋友，谢谢你站在我这边。"

└ 想到一直支持我的朋友，猛然间觉得心里好踏实。

今后，我也要默默地
守护身边的人。

 妈妈，之前我让你操了不少心吧？
今后我会好好对你的。我爱你，妈妈！

感谢有你，让我的生活变得精彩。

锁链 **是时候挣脱了**

其实，束缚我的正是我自己。

"对，成绩并不能代表全部。"

　└ 就是学习不行，也要开心过好每一天。

下定决心今后不再沮丧，要自信地活下去。

从束缚自己的锁链中挣脱出来，
心里的压抑好像也得到了释放。

你脚踝上的锁链，我已帮你剪断，
从现在起，你自由了！

锁链

锁链能锁住门窗和手脚，却锁不住人心。

原位 找到我的位置

"现在才感觉像是找回了自己！"
└ 不再彷徨，回到自己本来的位置上。

"绕了好大一圈才回到原位。"
└ 告别从前那个爱惹是生非的孩子。

"徘徊了多少日子？"
└ 青春期那段时间里，我似乎成长了不少。

有时在想，
能找回自己原来的位置，
真是万幸。

你现在处于什么位置？
什么位置是你最满意的呢？

原位

以梦想为半径画一个圆，最后还能回到原点，就是完美人生。

悲观　之前是我太消极了

"之前的我太颓废了。"

└ 感觉自己在阴暗的地方待得太久。

告别昨天，从悲伤的一边走向愉悦的一边。

告别从前，从坏的一边走向好的一边。

我似乎更幸福了，
对，告别悲观，
从阴郁的一边大步迈向开朗的一边！

 我不是说了吗，你笑起来最好看！

不经历黑暗就无法懂得光明的重要性。

鼓励 带给我力量

爸爸对我说："你可以的！"

    └ 这一句话让我浑身都是劲儿。

朋友对我说："你可真了不起！"

    └ 这一句话让我的心热乎乎的。

老师对我说："你本来就很棒！"

    └ 这一句话竟让我泪流满面。

当听到给予我力量的话，
我能立马起来跑三圈，
即使爬一百层楼，也能不费吹灰之力。

爸爸妈妈，我也说一句：
"谢谢你们成为我的爸爸妈妈！"

鼓励

人生最重要的是希望，守住希望最好的方式是鼓励。

青春期密语

看了本书前面几章的内容，你是否会觉得青春期很可怕？你是否想问：青春期一定会遇到这么多麻烦吗？

放松一点儿，其实，青春期没有你想象的那么可怕。

1. 青春期虽然特殊，但不一定困难。 好的孩子不会在青春期突然变坏，本书前面几章中提到的现象也并非都会发生。心理学家调查研究表明，许多人都是可以平稳度过青春期的。他们有的不会经历诸如亲子对抗、厌学等问题，而且能够高效管理自己，让如黄金般宝贵的青春期为自己的成长服务，为成年打下坚实的基础。

2. 青春期是人生中十分正常的一个阶段。 青春期是介于童年和成年的一个过渡时期，这个时候你的独立意识、自我认知等都在飞速发展，这要求你摆脱对大人的依赖，自己作决定。因此，在自我尝试与探索的过程中，心中出现不确定性以及会犯错也是正常的。随着你身心的成熟，自我评价和认知系统的建立，这些问题都会迎刃而解。

那么，想要平稳度过青春期需要具备哪些条件呢?

1. 亲人朋友的大力支持与鼓励。青春期的你面临那么多让你应接不暇的变化，一时不适应再正常不过。这个时候如果能得到科学合理的引导，将对你的成长有很大的帮助。父母无条件的爱与守护，老师的关心与爱护，朋友从始至终的信任与支持，都能为你青春期的成长扫除不少障碍。

2. 自己的努力。如果你能提前储备一些有关青春期的知识，当问题来临的时候，知道如何去应对，就不至于惊慌失措、患得患失。要知道，很多时候束缚自己的并非父母、老师或其他人，而是你自己！当你下定决心积极面对困难，努力挣脱束缚自己的心绳，一切就会向着阳光的方向发展。

3. 积极的行动。有过一定的试错经历之后，及时总结反省，并尝试着改变自己，你就会在一次次尝试与改变中，变得理智成熟。妈妈去公司加班，你帮着做家务；遇到霸凌者，你敢于和他们讲道理；朋友生病，你照顾他。这都是你积极行动的表现。

好，我很好！现在的我很好！
现在的我既优雅又充满活力，
正慢慢长大的我，很好！
正默默编织未来的我，很好！

青春期的到来，
曾让我们焦躁不安，
它的离去，将给我们留下怎样的馈赠呢？

请客观地认识自己，
看看自己日渐成熟的内心，
找到自己喜欢并擅长的那个点，
学会理解并照顾他人。

这一切不正是青春期留给我们的礼物吗？

妈妈爸爸，对不起。谢谢，我爱你们！
老师，抱歉。谢谢，我爱你！
朋友们，真的很感谢。我也很爱你们，你们懂的！

现在，让我们一起紧紧拥抱青春期留下的礼物吧。

8

青春期留下的礼物

苦等　实现梦想的自己

想象着未来会有人只爱我一个。

想象自己二十岁时，充满青春气息的模样。

想象着实现梦想后的自己，嘴角不自觉地上扬。

觉得好激动，
真是望眼欲穿。

本来盼望着快些毕业，
最近觉得上学也挺有意思的！

苦等

苦等暴风雨过境，不如学会在雨中跳出最美的舞姿。

等了又等的初雪

同感　你也到青春期了吗

"唉，那段时间我也是这样的。"

　└ 当妹妹进入青春期。

"没事，你会变得更好的。"

　└ 朋友受伤难过时，我紧紧抱住泪流满面的她。

"妈妈，你更年期到了吗？"

　└ 就像妈妈对我那样，我也要成为她的支柱。

彼此有同感，
因为我们都一样。

妈妈，大事不好了！我的青春期快结束了，
但弟弟的青春期开始了！

别怕，没什么大不了！你现在经历的，我都经历过！

换位思考　告别从前的自己

"没什么，以前我也那样过。"

　　└ 刚要发火但转念一想，也情有可原。

"要是以前，你知道什么下场吧？"

　　└ 本想收拾弟弟一顿，但最终还是忍住了。

"爸爸，我现在不一样了。"

　　└ 爸爸对我的事发表看法，想必是因为担心我。

发现我的思维模式
正朝积极的方向发展。

我的思维模式已经改了，
爸爸每个周末只想睡懒觉的模式也改改吧！

换位思考

学会换位思考，是人生的必修课。

激动　有了不一样的感觉

"为什么总想见到他？这种感觉真的好陌生、好奇怪。"

└ 不知从何时起，一看见那名同学就心跳加速。

"啊，紧张得心脏快不行了！要打120吗？"

└ 第一次去看偶像明星的演唱会。

"我一定要成为一名优秀的设计师。"

└ 迷迷糊糊地做着一些不着边际的梦。

怦怦！小鹿乱撞！
心里很激动吧？

爸妈以前也这样激动过吗？

激动

心怦怦跳个不停，好像飘浮在空中。

挑战 从前想都不敢想

上课时为了忍住困意，在大腿内侧狠狠捏了一把。

"终于全背下来了！"

└─ 为了提高英语成绩，每天坚持背诵课文。

"得从基础锻炼开始，一步步来。"

└─ 体力弱的我开始运动。

怀着愉快的心情去挑战，
这才像我！

以后不会再尝试逃课了！

挑战

如果你从不接受挑战，就感受不到胜利的快感。

挑战新纪录！

敞开心扉 **彼此变得更融洽**

"你该早些跟我说啊。"

└ 向妈妈敞开心扉，倾诉自己的孤独和辛苦。

"你知道我每天有多怕看你脸色吗？"

└ 妈妈也微笑着向我敞开了心扉。

犹豫许久，最终将我的小秘密告诉了她。

敞开心扉后，发现更能理解对方了。
敞开心扉后，彼此的关系也融洽了。

我不再是从前那个不懂事的孩子了，
今后爸妈也向我敞开心扉吧！

敞开心扉

敞开心扉，及时清理，不要让你的心里装太多"垃圾"。

心灵相通 我们之间真有默契

"我们还在那儿见？"

└ 相约在老地方碰头。

"和我想的一样！"

└ 即使什么都没说，也知道对方想看哪部电影。

"给你削点水果吗？"

└ 在妈妈下达命令前，我已提前投入学习。

彼此心灵相通，
并不难！

我刚想到你，你就来电话了！
果然有心灵感应。

心灵相通

朋友不在远近，贵在心灵相通。

风和日丽　未来可期

"再见了，我的青春期！"

　　└ 让我磕磕绊绊的青春期宣告终结。

"妈妈，谢谢！妈妈，对不起！妈妈，我爱你！"

　　└ 动不动就让爸妈伤心的日子一去不返。

"朋友们，谢谢！我们的友情会持续到永远！"

　　└ 将一起痛过、哭过、笑过的朋友拥在怀中。

对，再见了，青春期。
天空蔚蓝，风和日丽。

什么？还没完？
现在才真正开始？

风和日丽

暴风雨过后，一定会有风和日丽的艳阳天。

青春期密语

　　在前面，你"预览"了青春期的模样，知道了青春期在与人交往的过程中会出现的问题，也知道了身心发展的特点，以及青春期极可能出现的诸如烦躁、孤单、迷茫等情绪。你还知道了青春期并非对所有人来说都是困难期，得到有效的引导后，许多人都能平稳度过。

　　虽然青春期有那么多让人头疼抓狂的事儿，但是当青春期彻底退出你的人生舞台后，你会发现这段时间的难能可贵，你甚至会感激青春期那个努力坚持、不停奋斗的自己。因为它送给了你一份极具分量的礼物！

**　　那么，青春期给你馈赠的礼物是什么呢？**

　　1. 你学会了理解和关爱他人。自己经历了青春期，方知度过青春期的艰难。当妹妹进入青春期，你就能感同身受她忽冷忽热的情绪，并给予她支持，带着她走过青春的风风雨雨。当朋友遇到困难，伤心无助时，你也会紧紧抱住泪流满面的朋友，给予她你的安慰。当爸妈进入更年期动不动烦躁发火的时候，你也能淡定地陪着他们，成为他们的精神支柱。

　　2. 你学会了换位思考。因为弟弟犯错，你本想收拾他一顿，但最终还是忍住了。因为小事刚要发火，但转念一想也情有可原，便翻过了这一页。爸爸对你的事发表看法，你一下子明白他是在担心你。诸如此类的事例，都在说明你的思维模式正在朝积极的方向发展，正在以换位思考的方式来告别从前的自己。

3. **你学会了控制自己的情绪。**随着你大脑发育的成熟和实践经验的增长，你不再像以前那样，动不动就发脾气。你甚至意识到以前的自己做了许多让爸妈、老师、朋友伤心的事情，并下决心告别那个不懂事的自己。

4. **你学会了与他人融洽相处。**以前的你，可能像个刺猬，走到哪里扎到哪里，不仅让身边的人受伤，也让自己伤痕累累。但过了青春期后你会拥有属于你自己的社交技巧：你知道如何跟别人沟通，懂得敞开心扉能够帮助你修复很多关系，尤其是跟父母的关系；了解怎么对别人会让他觉得舒服。在人际关系方面，你变得进退有度了。

5. **你拥有了敢于挑战未来的资本。**青春期里的你虽然一路跌跌撞撞，但你开始思考人生，找寻人生的真正价值和方向，畅想长大后的样子以及实现梦想后的样子。你开始敢于挑战从前觉得困难的事情，比如，集中精力听完自己不喜欢的课，体力弱的自己开始坚持锻炼……

虽然青春期有"疾风骤雨"的特点，让人应接不暇，但它为你幸福的人生打下了基础，并让你体验到了丰富的情绪与情感。在这个过程中，你学会了自我思考，注重人际关系，敢于挑战并厚积薄发，最后，你变得知性而优雅，淡定而从容，温暖而热情，你脱胎换骨，破茧成蝶，成为有理想、有抱负的青年。总而言之，当青春期宣告终结，就意味着你已经具备了成年人该有的能力和素养了！这是不是很酷？

图书在版编目（CIP）数据

青春期驾到，请准备 / (韩) 朴城佑著 ; (韩) 朴瑷京绘 ; 李旋译.
— 成都 : 天地出版社, 2022.9
ISBN 978-7-5455-7179-0

Ⅰ.①青… Ⅱ.①朴… ②朴… ③李… Ⅲ.①青春期—健康教育
—少年读物 Ⅳ.①G479-49

中国版本图书馆CIP数据核字（2022）第113115号

사춘기 준비 사전
Text copyright © Park, Sung-woo, 2019
Illustration copyright © Park, Ae-kyung, 2019
All Rights Reserved.
This Simplified Chinese edition was published by Beijing Huaxia Winshare Books Co., Ltdin 2022 by
arrangement with Changbi Publishers, Inc. through Imprima Korea Agency and Qiantaiyang Cultural
Development (Beijing) Co., Ltd.

著作权登记号　图进字：21-2022-260

QINGCHUNQI JIADAO, QING ZHUNBEI

青春期驾到，请准备

出 品 人	杨　政	责任编辑	罗　艳　李婷婷	
总 策 划	陈　德　戴迪玲	美术设计	谭启平	
作　　者	〔韩〕朴城佑	排版制作	书情文化	
绘　　者	〔韩〕朴瑷京	营销编辑	陈　忠　魏　武	
译　　者	李　旋	责任印制	刘　元　葛红梅	
策划编辑	李婷婷			

出版发行　天地出版社
　　　　　（成都市锦江区三色路238号　邮政编码：610023）
　　　　　（北京市方庄芳群园3区3号　邮政编码：100078）
网　　址　http://www.tiandiph.com
电子邮箱　tianditg@163.com
经　　销　新华文轩出版传媒股份有限公司
印　　刷　北京中科印刷有限公司

版　　次　2022年9月第1版
印　　次　2022年9月第1次印刷
开　　本　889mm × 1194mm 1/32
印　　张　5.75
字　　数　90千
定　　价　42.00元
书　　号　ISBN 978-7-5455-7179-0